Armin Täubner

Frösche

Fensterbilder aus Tonkarton

frechverlag

Der enttäuschte Rosenkavalier

(Abbildung Umschlag-Rückseite)

Ganz traurig schaut er auf die Uhr,
„wo bleibt denn meine Liebste nur?"

Der Blumenstrauß wird als ein Teil ausgeschnitten. Blüten, Stengel und Linien malen Sie mit Tuschefüller bzw. Filzstiften auf.
Am T-Shirt befestigen Sie von vorne Kopf, Fliege und Arme, von hinten bringen Sie die Hose an. Die Uhr am linken Handgelenk, den Strauß an der rechten Hand befestigen. Zifferblatt und Zeiger aufmalen. Zum Schluß bekommt der arme Froschkavalier ein Gesicht und die Punkte auf Schuhen und Fliege. Nach Belieben einige Konturen aufplustern.

Fotos: Frech-Verlag GmbH + Co. Druck KG,
D-70499 Stuttgart; Birgitt Gutermuth;
Fotos: Fotostudio Ullrich + Co., Renningen (Seite 1 und 29)

Auflage: 5. 4. 3. 2. 1. | Letzte Zahlen
Jahr: 1998 97 96 95 94 | maßgebend

ISBN 3-7724-1795-7 · Best.-Nr. 1795
Druck: Frech-Verlag GmbH + Co. Druck KG, D-70499 Stuttgart

„Sei kein Frosch" – so sagt man meist zu jemandem, der ein Spielverderber sein will. Und wer kennt nicht den törichten Frosch aus jener alten Fabel, der so groß sein wollte wie ein Ochse, sich also mächtig aufblies und – zerplatzte! Es wird eben nicht aus jedem Frosch ein Märchenprinz...

Armin Täubner hat lustige Frösche aus Tonkarton geschaffen, bei denen fast immer gute Stimmung ist – ob sie sich im Wasser oder an Land tummeln, ob sie ein Gipsbein oder Hunger auf die nächste Fliege haben. Einzig der versetzte Rosenkavalier ist eine traurige Gestalt...

Wie immer bei Armin Täubner sind die einzelnen Motive leicht nachzuarbeiten, durch Pluster-Pen bekommen sie zusätzliche witzige Akzente.

Schritt-für-Schritt-Anleitung

1. Sämtliche Teile des Motivs werden nebeneinander und ohne Überschneidungen mit Belistift auf Transparentpapier abgepaust. Anschließend kleben Sie das Transparentpapier auf dünnen Karton.

2. Die Teile werden mit Schere und/oder Cutter exakt ausgeschnitten.

3. Legen Sie diese Schablonen auf Tonkarton in der entsprechenden Farbe und zeichnen Sie die Konturen mit Bleistift nach. Schneiden Sie die Teile in der benötigten Anzahl aus.

4. Es folgt das Zusammenkleben der Teile zum Fensterbild und die Gestaltung mit Tuschefüller, Filzstiften und Pluster-Pen.

Gestaltung von Vorder- und Rückseite:

Im Buch wird stets beschrieben, wie die Vorderseite des Fensterbildes gearbeitet wird. Bei frei hängenden Motiven sollten Vorder- und Rückseite gearbeitet werden. Dazu werden die meisten Teile doppelt ausgeschnitten und in derselben Reihenfolge wie auf der Vorderseite, jedoch spiegelverkehrt, aufgeklebt.

Plustern:

Den Tonkarton mit Plusterfarben bemalen und dann schräg von der Seite fönen. Fertig ist das Plusterbild!

Schulanfang

Die ruhige Zeit des Planschens ist vorbei –
gelernt wird jetzt die Kunst der Fliegenfängerei!

Die Augen und den Mund auf den Kopf kleben. Dann werden die Nasenlöcher und die Pupillen aufgemalt. Am T-Shirt befestigen Sie von hinten zuerst den rechten Arm, so daß später der Schultaschenträger und die Schultüte daruntergeschoben werden können. Dann die Schultasche und die Hose samt Schuhen fixieren. Von vorne die Schultaschenträger, den Kopf, die Schultüte und schließlich den linken Unterarm anbringen. Auf die Schultüte malen Sie die Schnur und viele Fliegen auf – letzteren geht es jetzt an den Kragen! Einige Ränder dezent plustern.

Der Entertainer

> *Heute will ich nicht spazierengehen,*
> *alle wollen von mir Steptanz sehen!*

Zuerst befestigen Sie von vorne am roten Jackett das weiße Hemd (gestrichelte Linie) und darauf das dunkelrote Revers mit der Fliege. Dann kleben Sie dem Entertainer den Kopf auf.
Die Hose samt Schuhen wird von hinten angebracht, ebenso die Hände. Auf die rechte Hand kleben Sie den Spazierstock und darauf das Fingerteil (gestrichelte Linie). Bei der linken Hand machen Sie zwischen Daumen und Zeigefinger einen kleinen Einschnitt, in den der Hutrand gesteckt wird. Den Hut zusätzlich noch am Kopf befestigen. Nun bekommt der Frosch noch ein Gesicht, die Trennlinien an den Fingern werden eingezeichnet. Der Spazierstock erhält eine schwarze Spitze, Säume und Hutkrempe werden geplustert. Nun kann die Show beginnen.

Fliegenjagdunfall

Ist die Jagd mal schiefgegangen,
muß man im Sitzen Fliegen fangen!

Auf den Froschkörper (gestrichelte Linie) kleben Sie das Auge, den weißen Brust-Bauch-Fleck, den linken Arm sowie die beiden Gipsverbände.
Das Froschgesicht, die Trennlinien für Finger und Zehen sowie den Verlauf der Binden auf den Gipsverbänden aufmalen.
Am Sessel bringen Sie die Armlehne an und dekorieren den Bezug z. B. mit aufgemalten Fliegen.
Abschließend plazieren Sie den Frosch im Sessel. Wenigstens hat er seine gute Laune nicht verloren!

Volltreffer!

Für die riesig-fette Fliege
braucht man ein paar schwere Hiebe!

Kleben Sie zuerst die Hose, dann das T-Shirt und den linken Arm samt Ärmel auf den Froschkörper. Am Kopf wird das Auge befestigt und dann das Gesicht aufgemalt. Nun die Zunge anbringen. In der linken Hand hält der Frosch die Fliegenklatsche, in der rechten die Fliege.
Die Fliegenklatsche bemalen und die linke Hand mit Trennlinien versehen. Mit roten Pluster-Konturen können Sie die Kleidung des Frosches verschönern.

Auf, auf zur lustigen Jagd!

Ein Halali blasen wir,
und danach gibt's kühles Bier!

Den Oberkörper des Frosches an die Hose (Strich-Punkt-Linie) anlegen und das Hemd aufkleben. Ein zweites Hemdteil fixieren Sie von hinten. Nun werden die Arme samt Ärmeln angebracht. Die Trompete befestigen Sie jetzt an Mund und Hand und kleben das Fingerteil (punktierte Linie) über die Trompete. Anschließend bekommt der Frosch sein Gesicht.
Stellen Sie Frosch und Bierkrug auf das Grasbüschel. Nun noch die Trennlinien an den Händen und der Trompete einzeichnen. Das T-Shirt wird mit einem Dekor versehen, der Bierschaum aufgeplustert. Und nun Prost!

FroscH
BRÄU

Der Spätheimkehrer

> *Leise schleicht da einer heim.*
> *Wo kann er nur gewesen sein?*

Die Unterhose des nächtliches Gastes wird mit Herzen verziert. Kleben Sie sie auf den Froschkörper, und malen Sie das Gesicht auf. An der linken Hand fixieren Sie Hemd und Hose. Die Schuhe werden als ein Teil ausgeschnitten und mit Tuschefüller bemalt. Dann werden sie an der rechten Hand befestigt. Jetzt fixieren Sie den linken Arm am Körper und zeichnen sämtliche Trennlinien ein. Den Saum der herzigen Unterhose können Sie plustern.

Sommerfrische

Ist der Sommer heiß und trocken,
muß der Frosch im Wasser hocken!

Am Froschkörper bringen Sie Auge und Badehose an. Das Gesicht und die Trennlinie zwischen den Beinen malen Sie mit Tuschefüller auf.
Der Schirm wird durch schwarze Linien in vier Felder unterteilt, den Stock können Sie anmalen. Nun die Schirmspitze aufkleben.
Anschließend fixieren Sie den Schirm an den Knien des Frosches und befestigen so den Arm, daß die Faust den Schirmstock hält. Die Trennlinien zwischen den Fingern einzeichnen.
Am weißen Schwimmring die beiden roten Felder befestigen. Setzen Sie jetzt den Frosch von hinten in den Schwimmring!
Fertig ist das Sommer-Domizil, wenn Sie noch Pluster-Konturen aufmalen.

Der Froschkönig

Wenn ich doch bloß wüßte,
wer mich gestern küßte!

Auf den Pilzstiel kleben Sie von vorne den roten Hut, das Grasbüschel und die weiße Manschette.
Am Froschkörper bringen Sie von vorne Auge und Hinterbein, von hinten die Krone an. Malen Sie das Gesicht auf und setzen Sie den Frosch auf den Pilz. Mit Pluster-Pen oder Relief-Glanzfarbe (z. B. Tulip Slick) tupfen Sie weiße Punkte auf den Pilzhut. Die Manschette wird weiß geplustert. Für die Fliege können Sie die Vorlage vom Modell auf Seite 25 benutzen.

Love Affair

> *Die Sache mit dem Herz*
> *ist keineswegs ein Scherz!*

Froschmädchen:
Auf seinem grünen Rumpf (gestrichelte Linie) befestigen Sie den Badeanzug sowie Arme und Beine jeweils von vorne und hinten. Kleben Sie das Auge auf und gestalten Sie das Gesicht.

Froschjunge:
Die Badehose verzieren Sie und kleben sie auf den Rumpf. Anschließend werden Arm und Beine angebracht. Den Pinsel schieben Sie beim dem jungen Liebhaber zwischen Daumen und Zeigefinger, den Farbtopf klemmen Sie zwischen die Füße. Ein lachendes Gesicht aufmalen!
Auf der Bodenfläche das Grasbüschel befestigen und davor das Froschpärchen anordnen.
Und jetzt fehlen noch die roten Pluster-Akzente und natürlich das Herzchen auf dem Badeanzug des Froschmädchens.

Großer Hunger

> *Der Magen tut mir plötzlich weh,*
> *wenn ich nur eine Fliege seh'!*

Am T-Shirt des hungrigen Frosches werden von hinten die beiden Arme und die Hose angebracht. Von vorne befestigen Sie dann den Kopf mit den aufgeklebten Augen und dem aufgemalten Gesicht. Die Zunge wird zum Schluß befestigt! Die Fliege wird als ein Teil ausgeschnitten, Rumpf und Linien werden mit Schwarz aufgemalt. Die Konturen der Kleidungsstücke können Sie plustern.

Der Nachtwandler

Träumen kann ich nur im Stehen,
und die Kerze hilft beim Sehen!

Bringen Sie am Morgenmantel von hinten Kopf und Beine an, von vorne Kragen, Gürtel und Ärmel. Die Hand mit der Kerze wird ebenfalls von vorne auf den Ärmel geklebt. Mit dem roten Ärmelaufschlag (gepunktete Linie) verdecken Sie das Handgelenk. Malen Sie das Gesicht auf, und kleben Sie das Auge an.
Jetzt zeichnen Sie die Trennlinien an der Hand und zwischen den Beinen ein. Zuletzt plustern Sie die roten Teile am Bademantel, damit Sie einen echten Frottee-Effekt haben! Kerzenflamme und Mützenzipfel ebenfalls plustern.

Das Froschkonzert

Was sind das hier für schöne Klänge?
Ich höre lauter Froschgesänge!

Am Frack (Strich-Punkt-Linie) bringen Sie von vorne zuerst das weiße Hemd (durchgezogene Linie), dann das Revers und die Fliege an. Kleben Sie die Hand von vorne auf den Ärmel und verdecken Sie die Klebestelle durch den schwarzen Aufschlag (punktierte Linie). Bei der Hand, die den Taktstock hält, kleben Sie zuerst den Taktstock, dann das separate Fingerteil (punktierte Linie) auf. Zeichnen Sie mit Tusche die Handlinien ein.
Nun werden am Frack von hinten Kopf und Hose befestigt. Auge und Haarteil am Kopf fixieren, Mund, Nasenloch und Pupille aufmalen.
Das Dirigentenpult wird als ein Teil ausgeschnitten und vor dem Frosch auf dem Grasbüschel plaziert. Wenn Sie nun noch die Künstlermähne des Dirigenten und den Grasrand geplustert haben, kann das Konzert losgehen!

Tor!!

„Bravo!" spricht der Fußball-Trainer,
„so oft trifft ansonsten keiner!"

Kleiner Froschjunge:
Auf den Rumpf (gestrichelte Linie) kleben Sie die Hose und das Trikot. Strümpfe und Schuhe werden als ein Teil ausgeschnitten (durchgezogene Linie) und mit Filzstiften bemalt. Auch das Trikot wird mit Filzstift verschönert. Kleben Sie die Augen und den Mund auf den Kopf und befestigen Sie ihn auf dem Trikot. Den bemalten Ball schieben Sie unter den Arm des kleinen Torjägers.

Trainer:
Fixieren Sie am Trikot von hinten das Armteil und die Trainingshose, von vorne den Kopf mit Augen. Als nächstes werden die Schuhe angebracht. Der kleine Frosch wird so vor den Trainer gestellt, daß die Schuhsohlen eine Linie bilden.
Nun zeichnen Sie noch das Gesicht des Trainers und die Trennlinien an den Händen ein, mit Pluster-Pen setzen Sie ein paar Akzente.

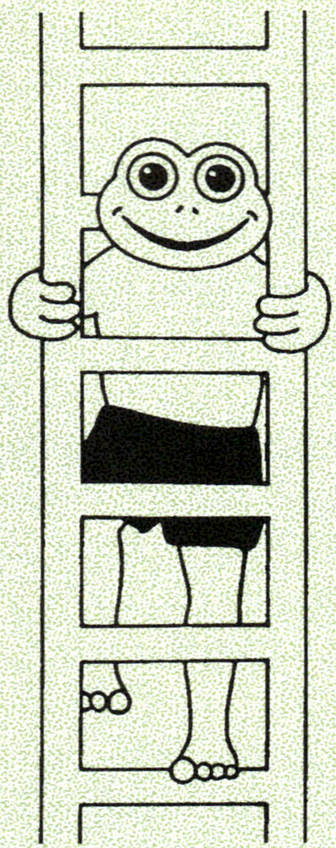

Ruhepause

Träumen läßt sich's gut im Gras.
Faulsein, das macht einfach Spaß!

Befestigen Sie am T-Shirt von hinten die Hose, dann das grüne Rumpfteil (punktierte Linie) und das linke Bein (Strich-Punkt-Linie). Von vorne dann den Kopf mit Gesicht und Augen anbringen.
Nun schieben Sie die Blume unter die rechte Hand und fixieren das Stengelende am Froschmund. Dann wird der Frosch ins Gras gelegt. Mit Pluster-Pen werden jetzt noch einige Akzente gesetzt, das Grasbüschel wird umrahmt.